C'est tout Bichette

Harmonie J.

© 2025 Harmonie J.
Édition : BoD · Books on Demand,
31 avenue Saint-Rémy, 57600 Forbach,
bod@bod.fr
Impression : Libri Plureos GmbH,
Friedensallee 273, 22763 Hamburg
(Allemagne)
ISBN : 978-2-3225-6099-8
Dépôt légal : Mars 2025

Moi je veux bien grandir, mais la vie de grand n'a rien de facile, ni de magique. Il faut en vouloir dans ce monde de chacal ! La vie détruit, ça me fascine ... Tous ces gens faux qui m'entourent ... Le monde est de plus en plus fou, où est la vérité ; va savoir ... J'aimerais tellement voir le vrai dans leurs yeux, dans leurs cœurs. Il y a trop de gens qui n'ont personne dans leur cœur, ni dans leur vie, mais que dans leur lit. Je ne les comprends pas, ça me dégoûte ! La vie est si belle quand il y a de l'amour. Sans sentiments, la vie ne vaut pas la peine d'être vécue ; nous ne sommes pas des robots. Il y a tant de différence entre nous tous, mais pourquoi ça ? Dans le fond, nous sommes tous les mêmes ! Même si certains ont le regard vide, je me demande si leur cœur ne le sont pas aussi ... Parfois, nous avons mal ; non pas physiquement, mais dans l'âme. Cela sert à nous forger, à nous façonner pour la suite de cette vie ; alors on se relève, on continue, car c'est bien connu : "Ce qui ne nous tue pas nous rend plus fort". Souvent, la douleur est présente, mais elle s'apaise avec le temps ... Beaucoup avancent les yeux ouverts, mais le cœur fermé ; d'autres retombent amoureux, sauf qu'à chaque fois que l'on tombe, nous avons mal. Pourtant, aimer c'est accepter de souffrir, accepter que l'autre puisse partir. Pas évident je sais, mais je n'ai jamais dit que l'amour était facile ... D'ailleurs, personne n'a dit ça ! En amour, tout est compliqué, même le plus simple l'est (...). Il y a aussi ceux qui disent partir pour mieux revenir, sauf qu'à leur retour ils se retrouvent seuls ; car la personne existait bien avant cette rencontre et qu'elle existera bien après celle-ci. Il y a également ceux qui partent trop tôt, où les adieux se feront sur toute une vie (...). La vie détruit c'est vrai, mais elle construit et guérit si nous avons confiance en elle ...

C'est incroyable la place que prend ton absence ...

Même dans mon cœur, il n'y reste que le néant depuis toi ; depuis lui qui a tout bousillé.

Le chao.

Il n'en reste rien, si ce n'est quelques parcelles de morceaux éparpillés, que je garde car ils sont à toi (...).

C'est un vrai carnage.

Des morceaux de mon cœur éparpillés, partis te rejoindre à l'autre bout du monde ...

Morte, j'étais morte.

Prête à m'enterrer vivante avec toi.

Tu es parti ...

Tu m'as laissée ...

Tu ne pensais pas rester en France, mais je ne pensais pas que tu m'aurais quittée à tout jamais.

Tu n'es plus là, plus ici avec moi, mais tu me hantes.

Comme un revenant, tu feras toujours partie de moi, de ma vie.

Je t'aime et le voyage n'est pas fini, même si j'ai perdu mon Amour.

Je te retrouve dans le monde des rêves, avec les sans avenirs…

Échappée d'un conte
Je viens recoller les morceaux
De cette vie qu'il me reste en lambeaux
Sans qu'il n'y reste grand chose qui compte
Sans savoir pourquoi mes pages sont blanches
Alors que mes nuits elles aussi sont blanches
Enveloppée dans un drapeau blanc
Enfermée dans mes idées noires
Mais continuer de nourrir le loup blanc
Chasser le loup noir
Essayé de rester calme
Même s'il voudrait que mon sang chaud
Coule à flot
Il veut qu'on lui déroule le tapis rouge
Tandis qu'il nous a marqué au fer rouge

Avec mon cœur sur liste rouge
Passer ma vie dans le rouge
Ici rien ne bouge
Je devais être du mauvais côté de la ligne rouge
J'ai sonner l'alerte rouge
Il m'offrait pourtant des roses rouges …

Nous avons joué à l'amour de jeunesse
Nos cœurs étaient promis
L'un à l'autre et nos vies aussi
Alors que jeunes
Et libres nous dansions
Ces trois mots me sont apparus
Quand c'est sincère
Tu ne peux pas enfouir ce que tu ressens
Ils nous disent de prendre le temps
Qu'on est trop jeunes pour se projeter
Pourtant quand c'est sincère
On oublie nos peurs
Car l'amour ça peut vraiment guérir
N'écoute pas ta tête
Suis ton cœur et reviens à la maison

Reviens.

Courir après le bonheur
Ça demande tellement d'effort
Un véritable parcours
Où l'on doit corriger nos erreurs
Essayer encore et encore
À en être écœurée
Cavaler à en être tout essoufflée
Se détourner de l'amour
Devoir changer d'itinéraire
Toujours vouloir bien faire
La pression ne redescend jamais
Continuer à en tomber
Trébucher
Mieux se relever
Horrible bonheur

Foutu cœur !

Acharnée d'échouer
Essoufflée d'essayer
Agacée de tout laisser
Sans cesse inachevé
Je fais, j'essaie
Sans la moindre idée
Je perfectionne mon incapacité
Je recommence pour tout raturer
Ma vie sans but concret
Cocher des cases inappropriées
Continuer à cogiter
Étouffée par tous mes échecs
Me répéter que demain j'arrête
Mais avancer malgré tout
Plus vite vers le trou

Mettre mon existence sur pause
Pleurer, crier
J'explose
Rire et aimer
La voie de mon cœur a trouver porte close
Recommencer
Entre espoirs et regrets
Pagayer et pagayer
Pour sombrer
Toucher le fond
Ne plus respirer
Inspirer à fond
Expirer sans raison
Souffler
Tout du moins essayer

Encore en ébullition
Croire en mes rêves
Oser être moi-même
Fragile dans ce domaine
Telle une bulle de savon que l'on crève
Et je crève de cette vie
Et je rêve d'une autre moi
De celle qui ne ressentirait pas tout ça
Je plonge sans savoir nager
Mais je reste incapable de réussir à me noyer
Alors je me bats et je résiste
Je vis sans réussites
Je coule sans même y parvenir
Je défais petit à petit mon avenir ...

Je savais que je devais partir
Il en était temps
Tout recommencer
Pour redevenir celle d'avant
Etre capable de changer
Savoir prendre mes décisions
Sans trop y réfléchir
Revivre avec passion
Regarder la vie d'un autre oeil
Affronter celle-ci
Supporter ma gueule
Arrêter d'écrire des rîmes
En y mettant des "et si"
Qui me dépriment
Me briment

Et m'abîment
Sans cesse sans réelle conviction
Aimer cette amère mélancolie
Avec tant de dévolution
C'est comme ça que je (le) vis.

Il y en a marre de déplacer des lignes pour ne plus les franchir, à force je ne suis plus moi, il y a celle que je suis et celle que je voudrais être. Après minuit je ne change pas, je vais disparaître. Les fantômes de la fin de l'été annoncent le retour de la pluie … J'essaie seulement d'être heureuse en attendant mieux. J'apprends à chanter sous la pluie avec mes fantômes, après minuit ; dans l'attente de la fin de celle-ci …

Une thérapie
Un temps calme par écrit
Rythmé par le bruit du silence
Mais les mots se bousculent
Les émotions entre dans la danse
Mon stylo recule
Je ne suis pas certaine de mes pensées
Bien trop troublée par tes absences
Trop en colère pour que cela ait du sens
Mettre mon cœur en mute
Alors que ça n'a aucun effet sur moi
T'aimer (encore) même si je lutte.

J'aurai aimé pouvoir pardonner
Rester muette
Et fermer les yeux sur la réalité
Demeurer inquiète
Laisser le pire s'en aller
Mais le meilleur serait-il pour autant resté
J'aurai voulu me montrer davantage courageuse
Tirer un trait pour essayer
Devenir amnésique pour être apaisée
Ne plus être autant peureuse
Savoir pardonner mais surtout comprendre
Te voir me tabasser sans ne plus rien entendre
Ne plus ressentir la douleur que cela engendre

NE   PLUS   RIEN   ATTENDRE   ...
―――――――――――――――――――――――――――――――――

Parfois j'ai l'impression
Parfois et si souvent
Mais je n'ai pas peur de la chute
Jamais je ne toucherai
Le ciel
Ni même la terre
Courir plus vite
Atterrir plus fort
C'était trop bon
Mais c'est bon
One life
Comme si c'était si simple
Presque facile
Pointer du bout du doigt
Sans réussir à toucher

Cette vie fabuleuse
Ce rêve inaccessible
Je peux et je veux
Mais même si je veux je ne peux pas
Cette sensation
Défendre tout ça
Prétendre y parvenir un jour
Le mensonge s'arrête à quel moment ?

Une partie de moi à douter de la réalité des liens que j'avais avec toi, mais quand je suis revenue et que tu m'as repoussée ; j'ai compris l'importance que l'on avait !

Je voulais tellement que tout cela soit réel, j'aurais pû convaincre n'importe qui.

Sauf que tu n'es pas comme tout le monde pour moi et que j'espère secrètement t'avoir toi aussi convaincu ...

Je n'ai pas su comment réagir
Ce n'était pas comme dans les films
Je n'étais pas prête
Elle était pourtant parfaite
Merci …
J'aurai souhaité y être préparée
J'ai accepté sans savoir ce que cela signifié
J'avais toujours refusée
C'était la première fois que je disais oui
Et que j'en avais vraiment envie
J'imagine ce que serait notre vie
Ensemble
Pas nos vies actuelles
L'un sans l'autre
Sans cette bague

Sans ta demande
Pas sans toi
Sans ce nous si spécial
Mais réunis
Avec tout ce que nous aurions construit
La bague au doigt
Notre enfant près de toi
Ça me hantera pour l'éternité
Je t'aime à tout jamais
Ici, ailleurs et partout …

Je ne savais pas que c'était toi
Je ne l'ai su que trop tard
Le temps s'est écoulé
Les années m'ont tout pris
J'étais trop sauvage
Pour accepter la vie que tu m'offrais
Aujourd'hui je semble en retard
On ne remonte pas le temps
J'ai pris de l'âge
Je me suis éloignée de toi
Mais j'ai su garder de nous
Ces quelques instants volés
Le cœur lourd et mal accroché
Il s'est affolé
Prise dans ce nuage de fumée

Je n'ai pas tout bien appris
Même si c'est terminé
Je l'ai parfaitement compris
C'est avec moi que j'emmènerai tous ces regrets
Et au passage tous nos secrets !

Je n'avais pas réalisé à quel point un câlin pouvait me sembler douloureux et dérangeant. Dérangeant et douloureux, oui. Le manque d'habitude peut-être ou l'habitude de celui-ci après avoir pris un coup ? Je n'en sais rien ... Le psychisme est complexe et je n'ai pas de réponse à apporter, ni à une autre personne, ni à moi-même. Le cerveau, fabuleuse machine dont j'ignore tous les aspects et qui me terrifie. Je suis comme je suis, moi et mes tocs, moi avec mes traumatismes ... Ainsi va la vie. La déception des ''hommes'', le dégoût et la peur. La confiance n'est plus qu'un mot selon moi, tout comme pour moi encore une fois ; Dieu n'a été créé que pour rassurer les peureux, je n'y crois pas. Je suis comme ça. J'ai cru en tellement de choses, aujourd'hui j'ai changé. En mieux ? Je l'espère, on évolue toujours paraît-il (...). Rien que le fait d'écrire ce texte m'angoisse, cependant c'est ma thérapie et je peine à croire ce que j'écris, je n'ose imaginer si je me relis. La méfiance fait partie de moi, certains savent ce que j'ai bien voulu leur dire et compatissent malgré tout, d'autres ont vu ma vie, mais ne se sentent pas concernés alors qu'ils connaissent tout de cette dernière. Je n'ai pas de contrôle sur les gens, sur ce qu'ils pensent et comment ils agissent ou non d'ailleurs. J'ai bien essayé de me faire entendre, d'être ''normale'', de rentrer dans les cases, mais rien n'y a fait. Le

STRESS M'ENVAHIT POUR UN RIEN, À CHAQUE ÉTAPE DE MA VIE ET JE NE VEUX PAS VIVRE CETTE VIE POUR LES GENS, C'EST LA MIENNE ET JE M'EN EXCUSE, OUI, JE M'EXCUSE ; SI CELA PEUT FAIRE DU MAL AUX AUTRES, MOI JE LE VIS MAL ÉGALEMENT, SAUF QUE JE NE VEUX PAS FAIRE ATTENTION AUX PERSONNES TOUT AUTOUR DE MOI ET NE PAS EXISTER, NE PAS TOUT SIMPLEMENT ÊTRE MOI, POUR ÊTRE CELLE QUE VOUS VOULEZ QUE JE SOIS.

Les prénoms changent, mais les relations similaires se succèdent. Déception sur déception … Temps perdu, irrattrapable. Lourdeur dans mon cœur piétiné, ce manque irremplaçable … Accro à la douleur, pleureuse dans l'âme ; je ne cherche même plus d'échappatoire. Les visages sont comme floutés, les mots superposables et les dialogues inter-posables. Relations irresponsables.

Est-ce qu'on s'est retrouvés ?
Est-ce qu'on s'est perdus ?
Tout est devenu différent ...
Tu m'as tant fait éprouver,
Que je ne sais plus.
Je ne sais plus si on fait semblant.

Il y aura plusieurs autres prénoms
Autant d'amour pour confusion
Perdus ici & ailleurs
Une profusion d'erreurs
Tu disais attendre ton tour
Ça m'a laissé de glace
On ne peut pas prendre un ticket pour l'amour
ni même céder sa place
Attendre qu'un jour on s'oubli
Rien que de devoir patienter me lasse
Tout est une question de sursi
Mais je ne veux pas faire de sur-place.

Avec ou sans toi
Cette chanson
Ça a toujours été toi
Même sans toi
Cette décision
Je te vois chaque jour
Alors que je sais pertinemment que tu n'es pas là
Je ne peux pas chasser l'amour
Tu es absent mais toujours avec moi
D'ailleurs, je crois que cet amour ne partira pas
C'était nous contre le reste du monde
Cela devient une éternité à la longue
Je t'aime comme au premier jour

Et je pense que ça sera le cas tout le temps du reste du compte à rebours ...

Tu reviens,
Rien d'étonnant.
L'habitude …
Prétendre me voir dans chaque détails,
Que j'ai fuis notre histoire,
Alors que tu disais qu'elle n'existait pas.
L'habitude …
Rien de surprenant.
Tu repars,
Tu dis que je ne comprends rien.
L'habitude …
Tu reviendras.
La certitude …

J'ai mal au coeur
Depuis toute petite
Manquer d'amour
et du coup, trop en donner autour
Ressentir cette douleur
Pleurer comme si j'en avais des fuites ...

Écrire
Toujours la même chose
En rire
Avant que je n'explose
Et je m'expose
Je ris et je suppose
Que si je cesse de le faire
Ce sera ma descente aux enfers
Alors je souris
Je montre mes dents
Les gens semblent surpris
Que je ne fasse pas semblant
Mais je fais semblant
Et ils sont finalement contents
L'hypocrisie gagne du terrain

Alors je mens
Eux ils me mangent dans la main
Alors que je n'ai plus le sourire comme avant …

Bien évidemment que la chute m'a fait mal
Stupide question
L'atterrissage m'a assombrit le moral
Et je remets tout en question
Question de points de vue
De coeurs intégralement foutus
On se repose
On croit obtenir une réponse
Sauf que ça ne se met que sur pause
Le temps que la punition se prononce
Décortiquer le comment du pourquoi
D'ailleurs veut-on vraiment savoir pourquoi
Fichu égo qui ne nous lâche pas
Ne plus aimer ça ne s'apprend pas
Je défais et je reconstruis

J'apprends petit à petit
Est-ce que j'aime le rose
Suis-je enfin guéris
Je m'auto propose
D'apprendre à savoir qui je suis ...

J'ai chaussé mes plus belles bottines
Celles que tu détestes
Celles qui selon toi font putes
J'aime ce "fuck" que je te fais en toute délicatesse
Siroter un simple Martini
Pour me sentir plus puissante
Cette boisson de pétasse selon toi
C'est ma mini vengeance
Malgré tout je me rétablis
Même si je piétine
Alors je bois
Avec à mes pieds mes belles chaussures blanches
Suis-je pour autant une pute

Pauvre tocard sans importance.

Ignare que tu es
Tu penses tellement persuadé de tout savoir
Que je me suis laissée happée
Mais je ne me suis plus laissée avoir
Tu es d'une pure ignorance
Cette blessure qui me fait tenir par sa souffrance
Je l'endure depuis ta rencontre
Crétin tu ne t'en ai absolument pas rendu compte !

Ils mentent tous
Elles mentent toutes
Menteurs par milliers
Menteurs qui ne cesse de se multiplier
J'accuse le coup
L'endurance n'est pas mon fort
Cependant je reste debout.

J'ai clairement besoin d'évasion, alors je l'allume, je m'assieds sur lui. Je l'ai rencontré au bar, il était minuit ou quelque chose comme ça, j'ai commandé deux autres verres de vin parce que ce soir, j'en ai vraiment besoin.. Un peu de contexte si vous êtes intéressés, parceque je me retrouve dans une position de merde ! L'homme que j'aime m'a parlé la nuit dernière et il m'a dit que c'était fini, décision stupide. Et je ne veux pas sentir mon cœur se briser ... En fait, je ne veux rien ressentir, alors je bois. Puis je pars en ville avec une mission très simple (autodestruction) et je pars en vrille ... Je porte ma petite robe noire et je suis canon ! Je suis juste une salope avec un cœur brisé ce soir et des talons de 15 cm. Au fond de la discothèque, sirotant du champagne (...). Je ne fais confiance à aucune de ces salopes qui m'accompagnent. À l'arrière du taxi, je suis ivre, je passe des appels, j'envoie des textos, je pleure ... Je cherchais un homme qui soit sur la même page que moi. Maintenant on revient à l'intro, on revient au bar, au Dodge, à l'hôtel, à mes anciennes satanées habitudes ... ! Parce que je ne veux pas ressentir ce que j'ai ressenti la nuit dernière. Je veux qu'on m'enlève cette douleur, voulez-vous connaître mes symptômes ? Je ne veux plus rien ressentir ! Alors je fume un joint, je reprends mes vieilles habitudes comme en 2019. Cela fait à peine vingt-quatre heures que mon ex a rompu avec moi et j'ai un nouvel homme sur moi, on va transpirer ... La nuit dernière était vraiment la cerise sur le gâteau ! Je passe par une période difficile et je souffre ... Excusez mon état, je suis complètement défoncée. Je veux être dans mon lit, sans lui ... Donc il m'insulte de BDH, mais j'essaie de positiver. Je porte le sac à main YSL qu'il m'a offert et j'agis déjà comme une connasse, tu vois ce que je veux dire ? Donc, il ferait bien de rentrer et d'ailleurs moi aussi. Sauf que je ne veux plus ressentir ce que je ressens, alors je reste avec lui. Il faut accepter les choses que tu ne peux pas changer (sa décision de la nuit précédente) ... Je suis hors de portée, complètement déconnectée ... Je ne ressens rien du tout … ! Défoncée, et alors ? Je n'ai pas beaucoup d'expérience, mais ça va dans les deux sens. Je ne veux plus ressentir ce que j'ai ressenti la nuit dernière. Allô Docteur, j'ai trop bobo au coeur !!! Vous voulez connaitre mes symptômes ? ok, mais anesthésiée moi ! Je ne veux rien ressentir. J'ai du rouge à lèvres sur le visage comme de l'art moderne, du mascara en cascade … J'ai bien trop bu. Je ne sais pas où je suis, ni qui conduit cette putain de voiture, accélérant sur l'autoroute … Je mélange des pilules avec de l'alcool, car je ne veux rien ressentir. Je n'ai pas répondu aux messages des gens que j'aime (…). J'ai perdu mes cartes bancaires et fait un streap-tease dans la cage

D'ESCALIERS DE L'IMMEUBLE, SANS AUCUN SPECTATEUR (DÉCEPTION). JE RACONTE MES SECRETS À L'ÉTRANGER QUI EST AVEC MOI. JE NE ME SOUVIENS DE RIEN, DONC IL N'Y A RIEN À REGRETTER ... À PART CETTE GROSSE CAISSE QUI FRAPPE DANS MA TÊTE. JE VAIS ENFIN RENTRER ME COUCHER, LE CŒUR ENTIÈREMENT ANESTHÉSIÉ.

Voir le coucher du soleil ensemble
Coincés dans ce labyrinthe
Regarder nos vies partir en cendres
Rester emmitouflés dans cette étreinte
Quoi qu'il nous en coûte
Car nous y avons notre empreinte
Et je m'égards dans un océan de doutes
Je plonge tête la première en y tenant ta main
Enlacée si fort dans la mienne sachant que ça ne mène à rien.

Qui va lire mes proses
Ces quelques lignes
Pour me sauver de mes névroses
Puis en suis-je digne
Si je recommence sans cesse les mêmes déboires
Ma légitimité c'est ce que je souligne
Qui va me lire si j'arrête d'y croire
Si en écrivant pourtant rien ne s'aligne
Et même en prenant cela comme un exutoire
Faut-il qu'en tant qu'autrice que je me sous estime
Dois-je perdre espoir
Et prendre cela comme un exécutoire
Est-ce un signe (…) ?

Désirer m'échapper de ma dépression
Guérir vite mais sans me foutre la pression
Charge mentale plus longue qu'une playlist
Ne plus oser entamer de to do list
Laisser tout à l'abandon
Pour que plus rien ne me rende triste
Tenter de soigner mes visses
Comme si on voulait me visser des boulons
De chaque côté de la tête
Vouloir tout ancrer en moi comme un pense bête
Lavage de cerveau en toute discrétion
Petites pilules prescrites mais avec modération
Des conseils pour essayer la méditation
Me rendre addict à cette entêtante chanson

Ne plus trop penser sinon attention
Plus on me dit de guérir
Et   plus   mon   état   empire   ...

Torturée
Et tourmentée
Deux adjectifs qui apparemment me définisse
Ça m'empoisonne si c'est réaliste
Ma vision est tout autre
On le vit pas avec des lunettes roses
Posées sur le nez
Qui embellissent les choses
Les yeux voient la vérité
Et le coeur tant d'autre
Pourquoi toujours tout qualifiée
Pourquoi ne pas enlever les fausses belles lunettes que vous portez
Et voir face à vous ce qui est juste devant votre nez

Je suis simplement quelqu'un qui a trop enduré
Une simple humaine qui vous partage sa vérité.

Relation épistolaire
Séquences épisodiques
Tantôt en colère
Tantôt romantique
Périodes de silence
S'aimer à s'en détester
Focalisée sur ma page blanche
Rester soudés.

Là où je ne pensais pas revivre
Cette sensation
Ces choses complètement stupides
Mais je lui ai pourtant cédée
Il a su apporter du rose dans ma vie
J'ai peur de la chute
J'ai toujours eu peur de la chute
J'aime tant ces couleurs qu'il sait mettre
Tout semble en accord
Une ambiance en osmose
Remplis de fous rires
Plein de bonheur
Tellement il sait créer la bonne humeur
Illuminer en moi ce côté hygge
Apprécier nos moments

Sans discorde
Sans que cela ne tangue
Je sais qu'il n'est pas là pour me guérir
Mais il parvient à me faire entrevoir un bel avenir
Je refuse de continuer à courir après la déception
Avoir recour à l'autosabotage
Nos problèmes non résolus
Nous aident
même s'ils ne sont pas la solution
Je sais que nous sommes sur la même page
Et j'aime ça
Son sourire éclaire l'entièreté de la pièce
Il semble être celui que j'ai toujours recherché

Moi qui ne voulais plus rien
Je ne supporte plus lorsqu'il est loin …

Sache que te laisser t'en aller a été la chose la plus difficile que j'ai eu à faire.
T'avoir vu, sans savoir que c'était la dernière fois.
Et ce dernier coup de fil...
Chaque douleur donne une leçon et chaque leçon change une personne.
Tu es ma leçon, ma douleur...
Tu m'auras changée à tout jamais.

Odeur de méfiance
Goût de sentiments
J'ai déjà connu le drame ailleurs
Je ne referai pas la même erreur
Je préfère y aller doucement
Il vaut mieux arriver à temps
Que d'être trop en avance
Savoir prendre de la distance
C'est important
Mais je t'aime et je ne me mentirai pas plus longtemps
Mon passé me paralyse
Mon coeur est sous anesthésie
Demain on se fera la bise
Et ensuite on s'oublie

Non tu ne seras pas mon pansement
Sauf que pour que ça se termine
Il faut commencer d'abord
Sache bien que ce risque me mine
Mais pour toi j'essaierai encore.

Je t'écris toujours, comme je te l'ai promis (ici ou ailleurs hein …).
C'est devenu un peu mon exutoire.
Rien n'a jamais été aussi difficile que de te faire mes adieux, mais de continuer à te chercher à travers chaque âme que je croisais.
Ton rire, ta voix, ton sourire, ton odeur …
Ce vide que personne ne peut combler, ni même comprendre …
Avec le temps ça passera ils disaient (eh non !).
Cependant, la réalité c'est que ça ne passera jamais !
Ce fichu jour, ce foutu cadeau …
Ton appel …

Puis ton accident (un autre traumatisme à gérer).

Je revis la scène, je rembobine le film.

Le commencement de la fin, le début d'un nouveau rien.

Tu étais mon tout ...

Ce besoin sans cesse de parler de toi, de te faire exister malgré tout, alors que ça ne te ramènera pas à la vie.

Tu es mort,

Putain, tu es mort !

Tu as rejoint le monde des sans avenirs et j'ai aussi condamné le mien.

C'est là que tout a merdé, j'ai fait de nombreux mauvais choix (...).

Lui et encore lui, le choisir à chaque fois (l'une de mes pires erreurs).
Tu n'étais plus là.
Tu me voulais amoureuse, je pense l'avoir déjà été...
Y être de nouveau ?
Je pense que mon coeur a dû s'arrêter depuis un moment, depuis que le tien a cessé de battre.
Récemment, je me sens différente...
Presque comme ramenée à la vie, ressuscitée d'entre les morts...
Vivante !
Je crois que c'est grâce à quelqu'un de très différent, d'un peu spécial.
Une personne comme toi.

Je me sens en harmonie avec moi-même, même si pas encore suffisamment en paix.
La lutte continue...
Je t'aime et ta disparition n'arrête pas cet amour.

Je t'ai vu courir à travers champs
Pour stopper ma voiture
Ce soir-là j'étais déterminée à te quitter
Malgré cet amour en moi
Tu as su m'impressionner
D'ailleurs c'était un peu comme dans les films
Sauf qu'il s'agissait bien de notre réalité
Mais ça je ne l'oublierai jamais
Tu m'as retenue
Tu ne voulais pas que je parte
Tu ne voulais pas que l'on se laisse
Notre séparation t'était inenvisageable
On s'aimait de trop
Sûrement beaucoup trop

C'ÉTAIT DE TROP.
―――――――――――――――――――――――

Comme ça fait longtemps …
J'ai toujours su que nos âmes étaient liées, tu me manques en chaque instant.
A présent, tu es devenu mon ange, je sais que tu me vois.
Tu as chamboulé ma vision de l'amour à tout jamais …
J'ai trop longtemps cherché à faire mes adieux à ton souvenir, mais je n'y suis pas parvenue.
Je te porte chaque jour en moi, dans mon cœur ; de cette façon tu continueras d'exister …
Sache que je n'oublie rien, que je t'aime au-delà de l'absence et du temps qui passe.

———

Je veux te pardonner
J'aimerai me pardonner aussi
Tu m'as trahi
Sans aucune raison
Mais j'ai eu beaucoup de chance
Un jour on mettra nos différends de côté
Et on s'expliquera
La vérité reviendra
Et le mensonge s'en ira
On ne se retrouvera pas
Mais on saura
Qui nous sommes l'un pour l'autre
Qui nous aurions pu être
Et finalement qui nous serons toujours
Dans ce monde d'incompris

Où cet amour m'aura détruit.

Au beau milieu de tes "pardon ?"
Je tente de te rassurer
Afin que tu guérisses de l'abandon
Mais tu m'envoies désolée
Puisque tu ne te sens pas suffisamment rassuré
J'ai réellement essayé
mais tu restes le coeur totalement non apaisé
Sache cependant que je ne compte pas m'en aller
…

Qui peut dire quand les routes se rejoignent, que l'amour pourrait être dans nos cœurs ?
Et qui peut dire quand le jour dort, si la nuit garde tout dans ton cœur.
La nuit garde tout dans ton cœur …
Qui peut dire si ton amour grandit
 comme ton cœur l'a choisi, seul le temps.
Et qui peut dire où les routes mènent, lorsque les jours s'écoulent …
Pourquoi ton cœur soupire ?
Lorsque mon amour pour toi s'envole …
Seul le temps.
Et qui peut dire pourquoi le cœur pleure quand l'amour ment.
Quand tout autour de nous s'écroule …

Qui sait ?
Seul le temps.

J'ai le cœur qui reflète
Ce que j'ai dans la tête
J'ai peur que tu ne sois plus là demain
Comme si je connaissais déjà la fin
Devenue figée sans réelles attentes
Je reste là comme de la cendre
En train de tomber d'un vieux joint
Tu n'es pas comme les autres
Relations ratées
J'ai envie que celle-ci soit sans fin
Je n'ai plus d'amours à oublier
Je ne veux personne d'autre
Ce reset m'a permis de te trouver
Cet amour où rien n'est calculé
Il a su apaiser mon cœur

Répondre à toutes mes peurs
Il m'a trouvé folle au début
Il a su faire preuve de patience
Il a simplement su
Notre histoire a pris tout son sens.

Je devais réaliser mille voyages et je n'ai finalement pas encore fait grand chose (...).

Des projets qui ne sont que des rêves , que j'ai tout compte fait abandonnés.

Remettre les choses à plus tard, me contenter de peu et pas du mieux ; tout laisser inachevé, au hasard ...

Rester insatisfaite, sans pour autant reprendre les choses en main.

Avoir peur de tout et tout le temps (...) de rien ...

Fuir l'engagement et les relations parce que je veux éviter la souffrance, les déceptions, l'échec ...Ne pas me sentir coupable, à la hauteur pour X ou Y raisons.

Ne pas suffisamment me faire confiance et m'écouter moi, pas les autres !
Redoubler d'efforts...
Fatiguée de me sentir coupable et incapabale de redresser la barre.
Culpabilisée d'écrire ce qui me fait mal, vraiment du mal.
Introspection...

À MA PETITE SŒUR.

(ÇA VA ALLER) ...